Impressum
Verlag: BABADADA GmbH, Nedderfeld 112 , 22529 Hamburg
Geschäftsführer / Verlagsleitung: Harald Hof
Druck: Books on Demand GmbH, In de Tarpen 42, 22848 Norderstedt

Imprint
Publisher: BABADADA GmbH, Nedderfeld 112 , 22529 Hamburg, Germany
Managing Director / Publishing direction: Harald Hof
Print: Books on Demand GmbH, In de Tarpen 42, 22848 Norderstedt

Schuel
colegio

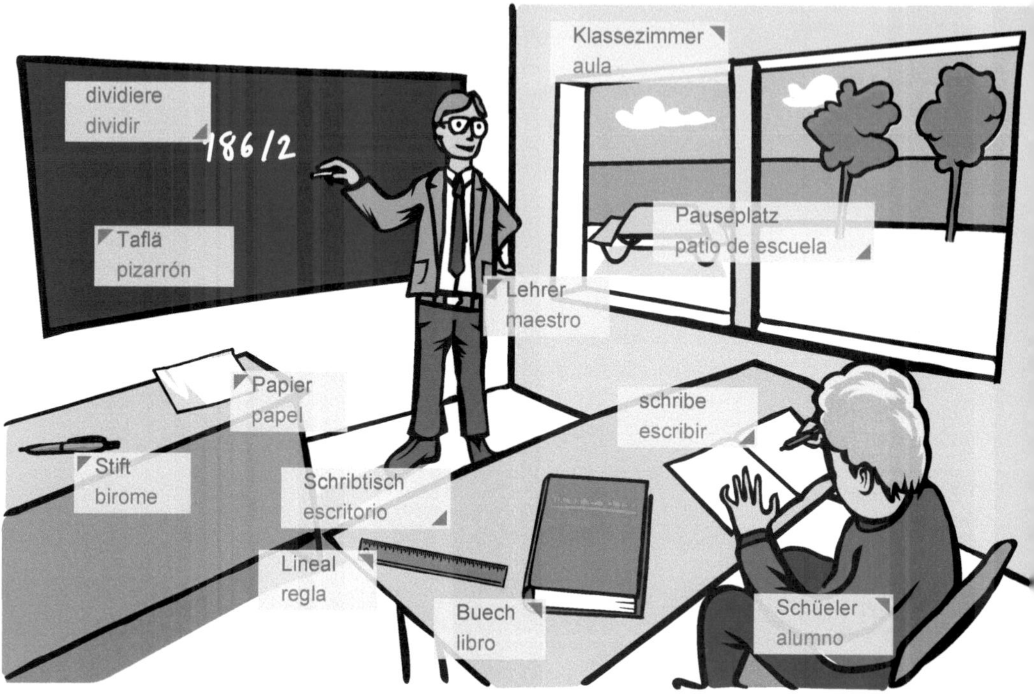

Klassezimmer
aula
dividiere
dividir
186/2
Taflä
pizarrón
Pauseplatz
patio de escuela
Lehrer
maestro
Papier
papel
schribe
escribir
Stift
birome
Schribtisch
escritorio
Lineal
regla
Buech
libro
Schüeler
alumno

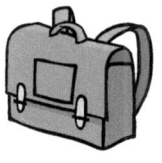

Thek

mochila

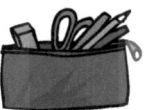

Etui

caja de lápices

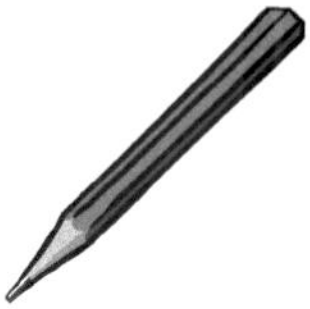

Bleistift

lápiz

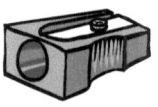

Spitzer

sacapuntas

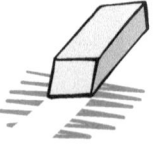

Radiergummi

goma (de borrar)

Zeicheblock

bloc de dibujo

Zeichnig

dibujo

Pinsel

pincel

Malchaschte

caja de pinturas

Schär

tijera

Liim

pegamento

Üebigsheft

cuaderno de ejercicios

Huusufgabe

tarea

12

Zahl

número

2+2

addiere

sumar

5-2

subtrahiere

restar

2×2

multipliziere

multiplicar

rächne

calcular

A

Buechstabe

letra

ABCDEFG
HIJKLMN
OPQRSTU
VWXYZ

Alphabet

abecedario

hello

Wort

palabra

Text

texto

läse

leer

Kriide

tiza

Lektion

lección

Klassäbuech

cuaderno de clase

Prüefig

examen

Zügnis

certificado

Schueluniform

uniforme escolar

Usbildig

educación

Enzyklopädie

enciclopedia

Universität

universidad

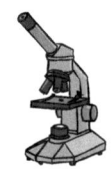

Mikroskop

microscopio

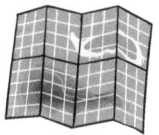

Charte

mapa

Papierchorb

tacho (de basura)

Reis
viaje

Hotel
hotel
Grand
Härbärg
hostel
ROOMS
EXCHANGE
Wächselstube
casa de cambio
Koffer
valija
Auto
auto

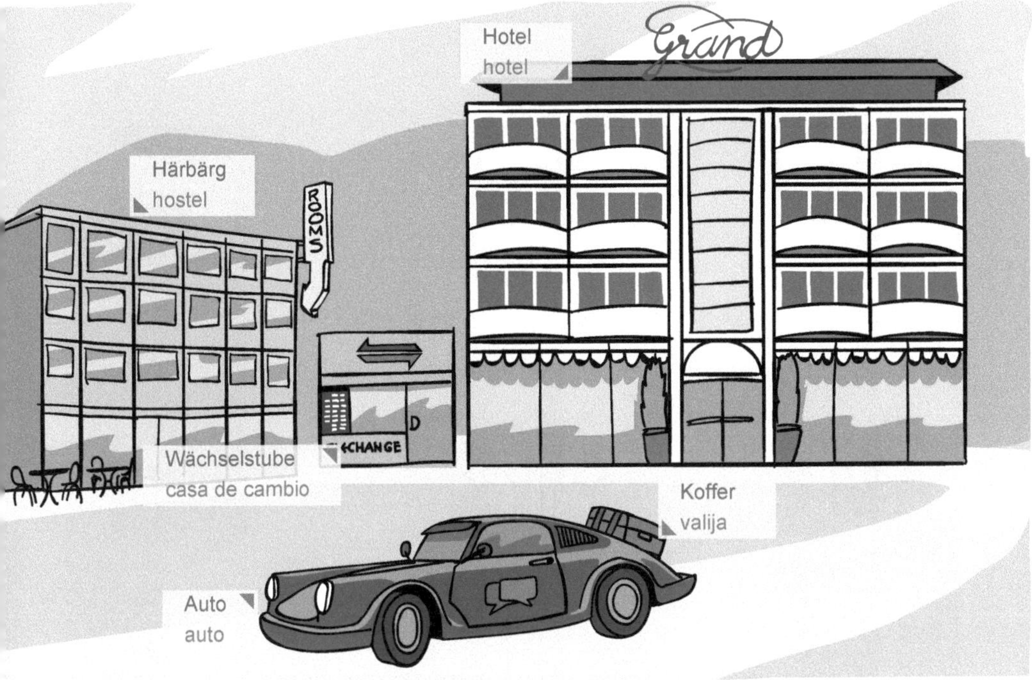

Sprach

idioma

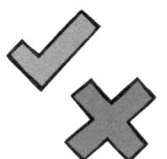

jo / nei

sí / no

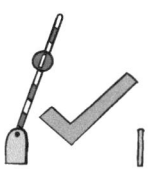

okay

Está bien

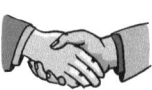

Hallo

hola

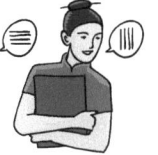

Dolmetscher

traductor

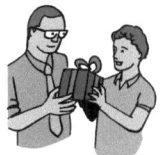

Dankä

Gracias

Was chostet...?

¿cuánto cuesta...?

Ich vrstahs nöd

No entiendo

Problem

problema

Guete Abig!

¡Buenas tardes!

guete Morgä!

¡Buenos días!

guete Abig!

¡Buenas noches!

Uf Wiederseh

adiós

Richtig

dirección

Bagaasch

equipaje

Täsche

bolso

Rucksack

mochila

Gast

invitado

Ruum

habitación

Schlafsack

bolsa de dormir

Zält

carpa

Touristeninformation

información turística

Strand

playa

Kreditkarte

tarjeta de crédito

Zmorge

desayuno

Zmittag

almuerzo

Znacht

cena

Billet

pasaje

Ufzug

ascensor

Briefmarke

sello

Gränze

frontera

Zoll

aduana

Botschaft

embajada

Visum

visa

Pass

pasaporte

Transport
transporte

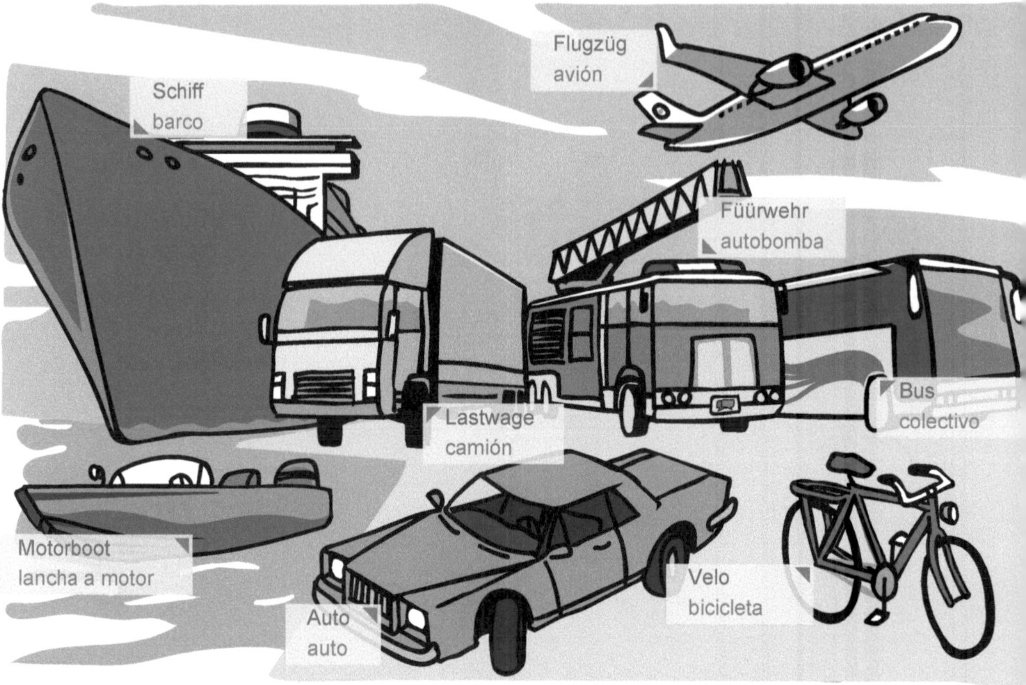
Flugzüg
avión
Schiff
barco
Füürwehr
autobomba
Bus
colectivo
Lastwage
camión
Motorboot
lancha a motor
Velo
bicicleta
Auto
auto

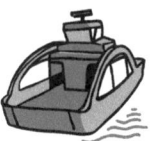

Fähri

ferry

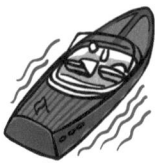

Boot

bote

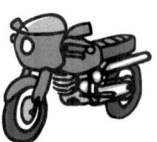

Töff

moto

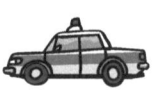

Polizeiauto

patrullero

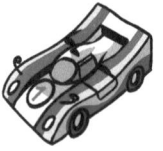

Rännauto

auto de carreras

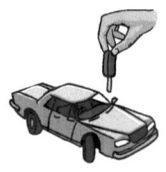

Mietwage

auto de alquiler

Carsharing

alquiler de autos

Abschleppwage

grúa

Chübelwage

camión de basura

Motor

motor

Benzin

nafta

Tankstell

estación de servicio

Verkehrsschild

señal de tránsito

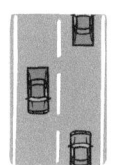

Verchehr

tránsito

Stau

embotellamiento

Parkplatz

estacionamiento

Bahnhof

estación de tren

Schiene

vías

Zug

tren

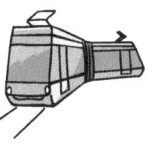

Strassebahn

tranvía

Wagon

vagón

Helikopter

helicóptero

Flughafe

aeropuerto

Tower

torre

Passagier

pasajero

Container

contenedor

Karton

caja de cartón

Chare

carretilla

Korb

canasta

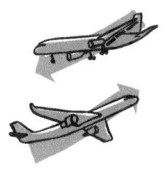

starte / lande

despegar / aterrizar

Stadt

ciudad

Dorf

pueblo

Stadtzentrum

centro de ciudad

Huus

casa

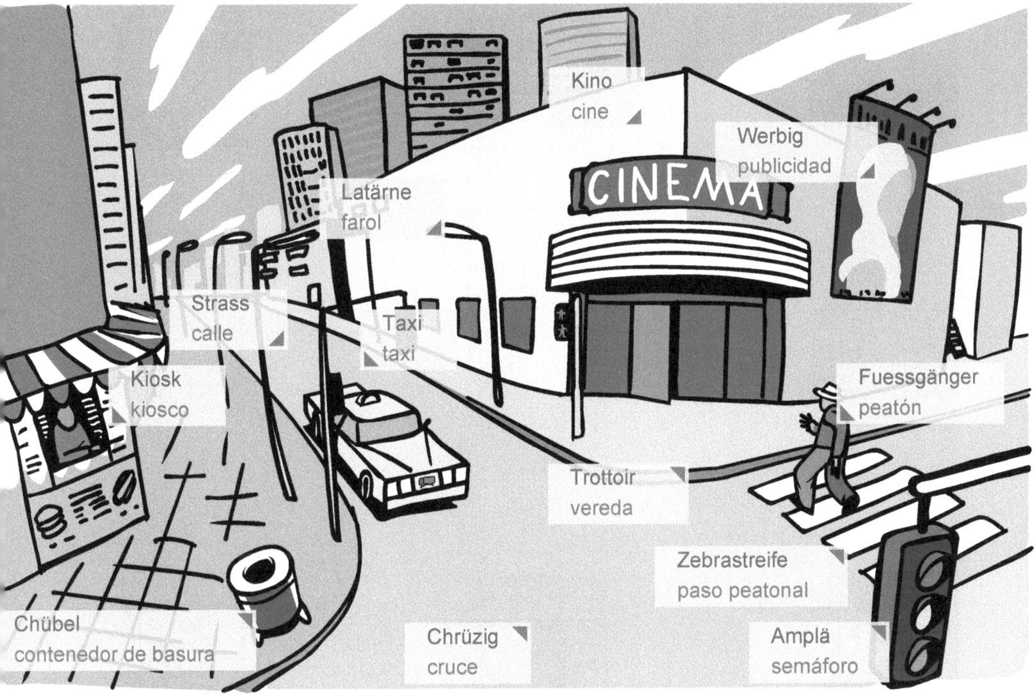
Kino
cine
Werbig
publicidad
CINEMA
Latärne
farol
Strass
calle
Taxi
taxi
Kiosk
kiosco
Fuessgänger
peatón
Trottoir
vereda
Zebrastreife
paso peatonal
Chübel
contenedor de basura
Chrüzig
cruce
Amplä
semáforo

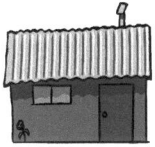

Hütte

cabaña

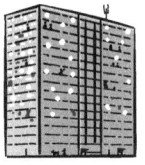

Wohnig

departamento

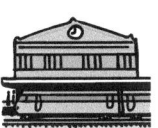

Bahnhof

estación de tren

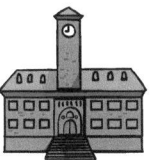

Gmeindshuus

municipalidad

MUSEUM

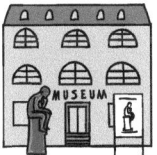

Museum

museo

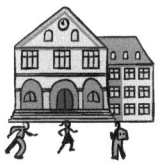

Schuel

colegio

Universität

universidad

Bank

banco

Spital

hospital

Hotel

hotel

Apotheke

farmacia

Büro

oficina

Buechgschäft

librería

Gschäft

negocio

Bluemelade

florería

Läbensmittellade

supermercado

Märt

mercado

Chaufhuus

grandes tiendas

Fischhändler

pescadería

Iihkaufszentrum

centro comercial

Hafe

puerto

Park

parque

Bank

banco

Brugg

puente

Stäge

escaleras

U-Bahn

subte

Tunnell

túnel

Bushaltestell

parada del colectivo

Bar

bar

Restaurant

restaurante

Briefchastä

buzón

Strasseschild

letrero

Parkuhr

parquímetro

Zolli

zoológico

Badi

pileta

Moschee

mezquita

Buurehof

granja

Umwältvrschmutzig

contaminación

Fridhof

cementerio

Chile

iglesia

Spielplatz

juegos infantiles

Tämpel

templo

Landschaft

paisaje

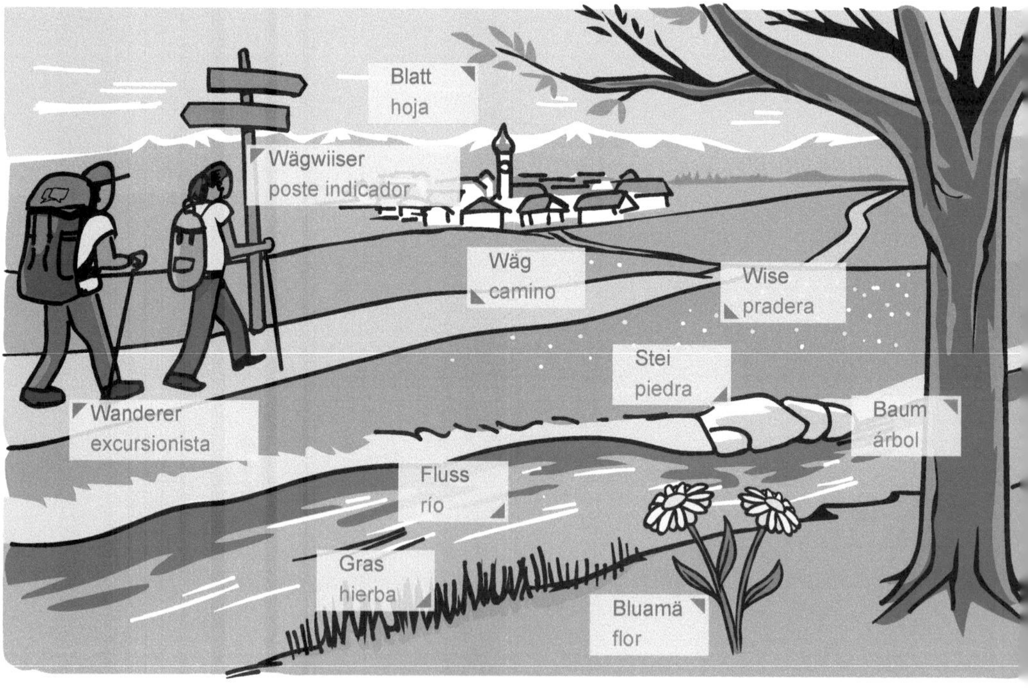

Blatt
hoja

Wägwiiser
poste indicador

Wäg
camino

Wise
pradera

Stei
piedra

Wanderer
excursionista

Baum
árbol

Fluss
río

Gras
hierba

Bluamä
flor

Tal

valle

Bärg

montaña

See

lago

Wald

bosque

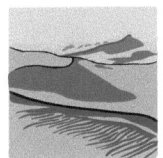

Wüeschti

desierto

Vulkan

volcán

Schloss

castillo

Rägeboge

arco iris

Pilz

champiñón

Palme

palmera

Moskito

mosquito

Fliege

mosca

Ameise

hormiga

Biendli

abeja

Spinne

araña

Chäfer

escarabajo

Frosch

rana

Eichhörnli

ardilla

Igel

erizo

Haas

liebre

Üle

lechuza

Vogu

pájaro

Schwan

cisne

Wildschwein

jabalí

Hirsch

ciervo

Elch

alce

Damm

presa

Windturbine

aerogenerador

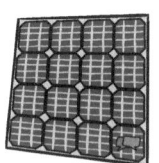

Sunnekollektor

panel solar

Klima

clima

Restaurant
restaurante

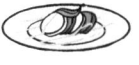

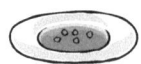

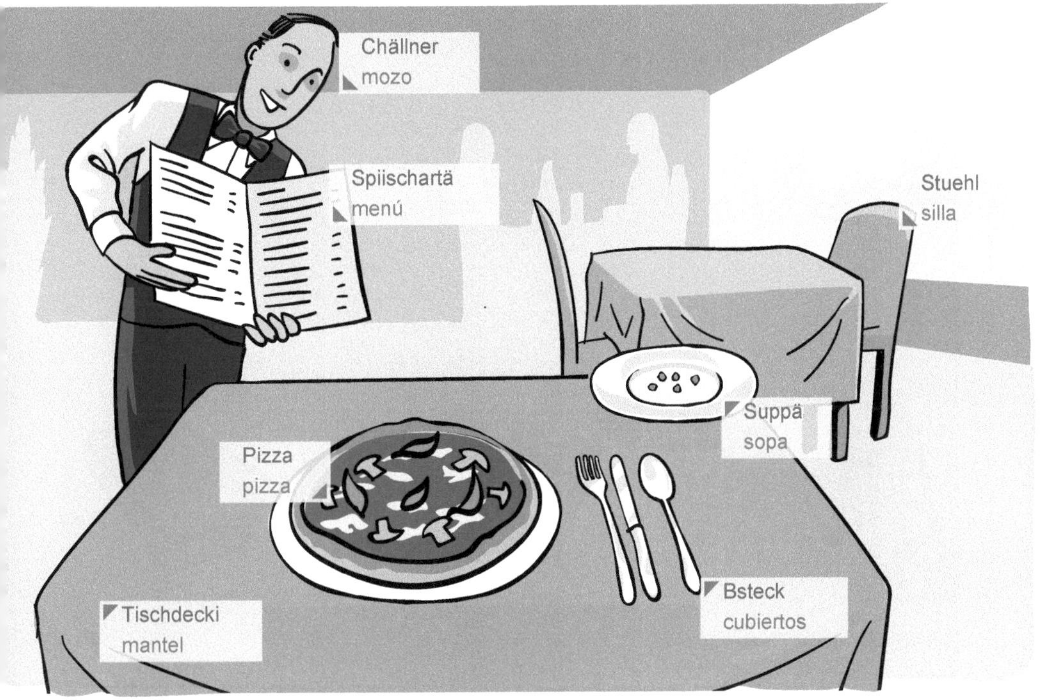

Chällner
mozo
Spiischartä
menú
Stuehl
silla
Suppä
sopa
Pizza
pizza
Bsteck
cubiertos
Tischdecki
mantel

Vorspiies

entrada

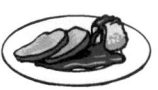

Hauptgricht

plato principal

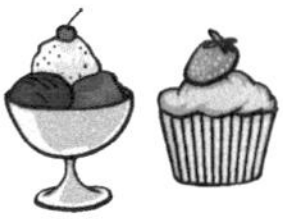

Dessert

postre

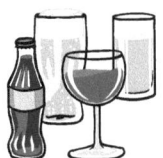

Getränk

bebidas

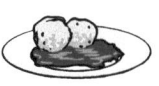

Läbensmittel

comida

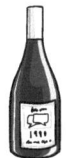

Fläsche

botella

Fast Food

comida rápida

Street Food

comida callejera

Teechanne

tetera

Zuckerdosä

azucarera

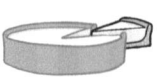

Portion

porción

Espressomaschine

cafetera expreso

Hochstuehl

sillita alta

Rächnig

cuenta

Tablett

bandeja

Mässer

cuchillo

Gable

tenedor

Löffel

cuchara

Teelöffel

cucharita

Serviette

servilleta

Glas

vaso

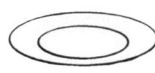

Täller

plato

Suppetällär

plato hondo

Untertasse

plato

Sose

salsa

Salzstreuer

salero

Pfäffermühli

molinillo de pimienta

Essig

vinagre

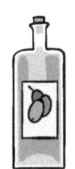

Öl

aceite

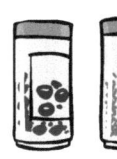

Gwürz

especias

Ketchup

kétchup

Sänf

mostaza

Mayonnaise

mayonesa

Läbensmittellade

supermercado

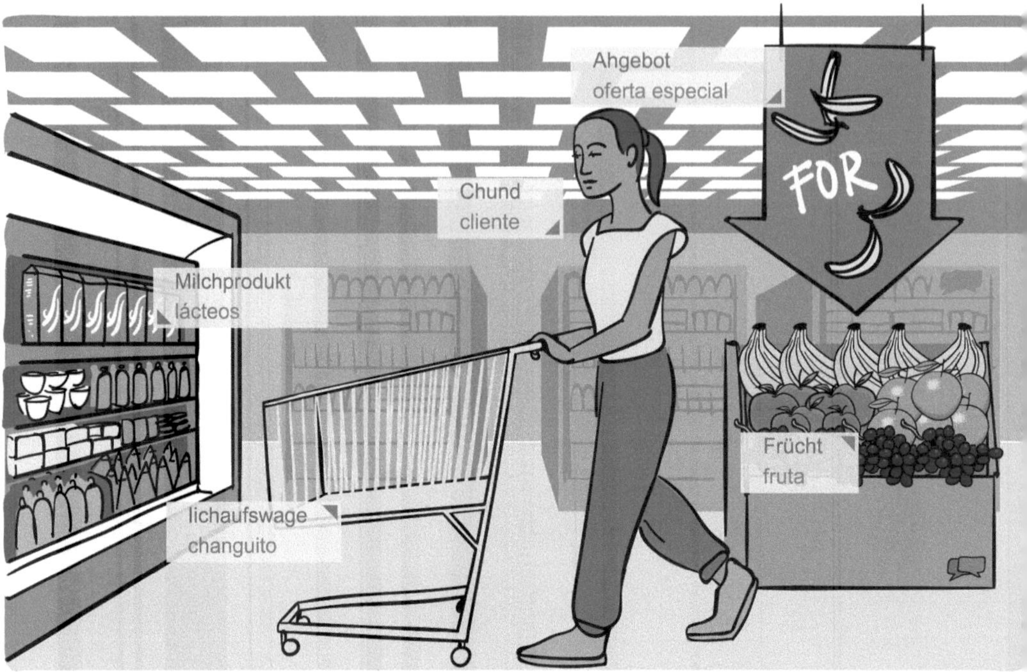

Ahgebot
oferta especial
FOR
Chund
cliente
Milchprodukt
lácteos
Frücht
fruta
lichaufswage
changuito

BUTCHERS

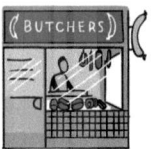

Schlachter

carnicería

BAKERY

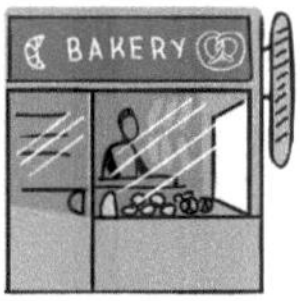

Beck

panadería

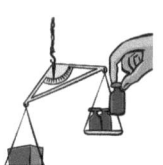

wiege

pesar

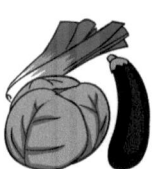

Gmües

verduras

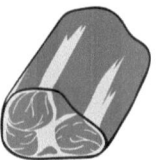

Fleisch

carne

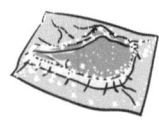

Tiefkühlprodukt

alimentos congelados

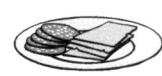

Ufschnitt

fiambres

die Konsärve

alimentos enlatados

Wöschmittel

detergente en polvo

Süessigkeite

golosinas

Huushaltartikel

electrodomésticos

Putzmittel

productos de limpieza

Verchäuferin

vendedora

Kassä

caja

Kassierer

cajero

Ihchaufsliste

lista de compras

Öffnigszite

horario de atención

das Portemonnaie

billetera

Kreditkarte

tarjeta de crédito

Täsche

cartera

Plastiksack

bolsa de plástico

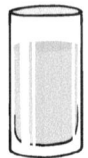

Wasser

agua

Saft

jugo

Milch

leche

Cola

bebida cola

Wii

vino

Bier

cerveza

Alkohol

alcohol

Ovi

cacao

Tee

té

Kafi

café

Espresso

café expreso

Cappuccino

cappuccino

Banane

banana

Öpfel

manzana

Orange

naranja

Melone

melón

Zitrone

limón

Rüebli

zanahoria

Chnoobli

ajo

Bambus

bambú

Zwiblä

cebolla

Pilz

champiñón

Nüss

nueces

Nudle

fideos

Spaghetti

tallarines

Riis

arroz

Salat

ensalada

Pommfrit

papas fritas

Bratherdöpfel

papas fritas

Pizza

pizza

Hamburgär

hamburguesa

Sandwich

sándwich

Gotlett

churrasco

Schinkä

jamón

Salami

salame

Würschtli

salchicha

Huehn

pollo

Bratä

asado

Fisch

pescado

Haferflocke

copos de avena

Müesli

muesli

Cornflakes

copos de maíz

Mähl

harina

Gipfeli

medialuna

Brötli

pancito

Brot

pan

Toscht

tostada

Guetzli

galletitas

Butter

manteca

Quark

cuajada

Chueche

torta

Ei

huevo

Spiegelei

huevo frito

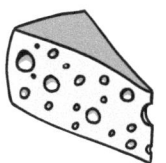

Chäs

queso

Glace

helado

Zucker

azúcar

Honig

miel

Gonfi

mermelada

Nougat-Creme

pasta de chocolate

Curry

curry

Buurehof
granja

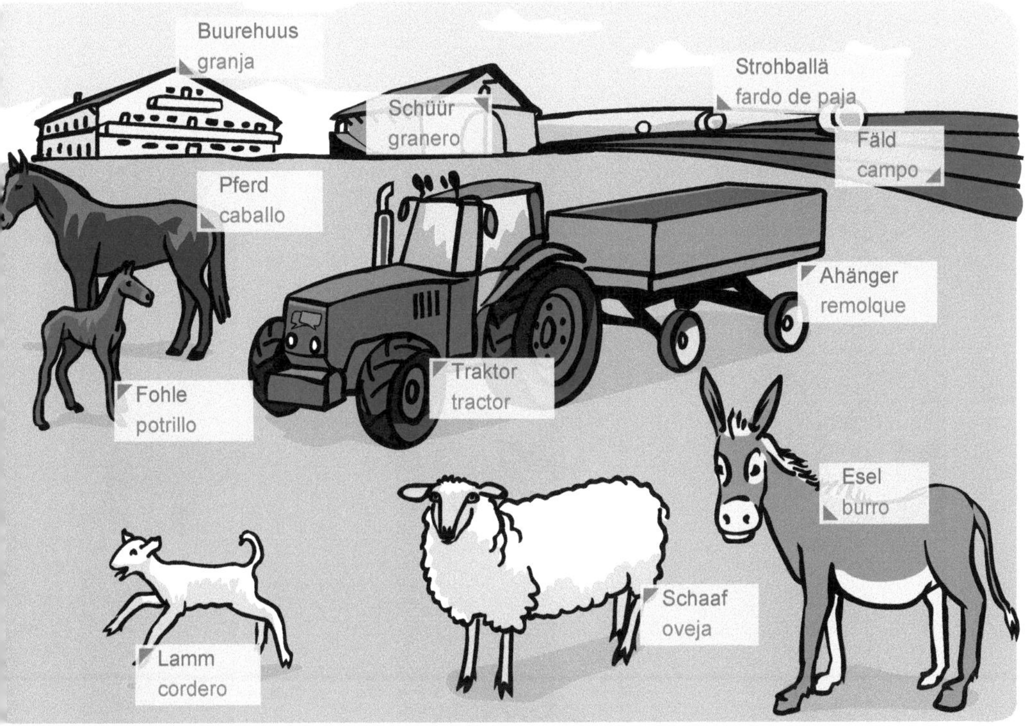
Buurehuus
granja
Schüür
granero
Strohballä
fardo de paja
Fäld
campo
Pferd
caballo
Ahänger
remolque
Traktor
tractor
Fohle
potrillo
Esel
burro
Schaaf
oveja
Lamm
cordero

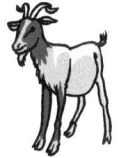

Geiss

cabra

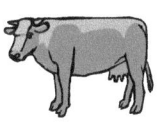

Chueh

vaca

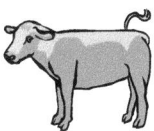

Chalb

ternero

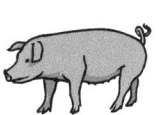

Sau

cerdo

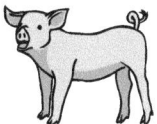

Ferkel

lechón

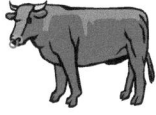

Rind

toro

Gans

ganso

Änte

pato

Küke

pollo

Huähn

gallina

Güggel

gallo

Ratte

rata

Chatz

gato

Muus

ratón

Ochse

buey

Hund

perro

Hundehütte

cucha

Garteschluuch

manguera

Giesschanne

regadera

Sägese

guadaña

Pflueg

arado

Sichel
hoz

Hacke
azada

Heugable
horquilla

Axt
hacha

Garette
carretilla

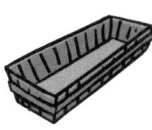

Trog
abrevadero

Milchchanne
lechera

Sack
bolsa

Haag
reja

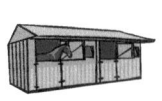

Gadä
establo

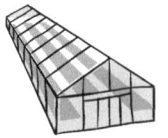

Gwächshuus
invernadero

Bode
suelo

Soome
semilla

Dünger
fertilizador

Mähdrescher
cosechadora

ärnte

cosechar

Ärnte

cosecha

Yamswurzle

batatas

Weize

trigo

Soja

soja

Härdöpfel

papa

Mais

maíz

Raps

semilla de colza

Obstbaum

árbol frutal

Maniok

mandioca

Getreide

cereales

Huus
casa

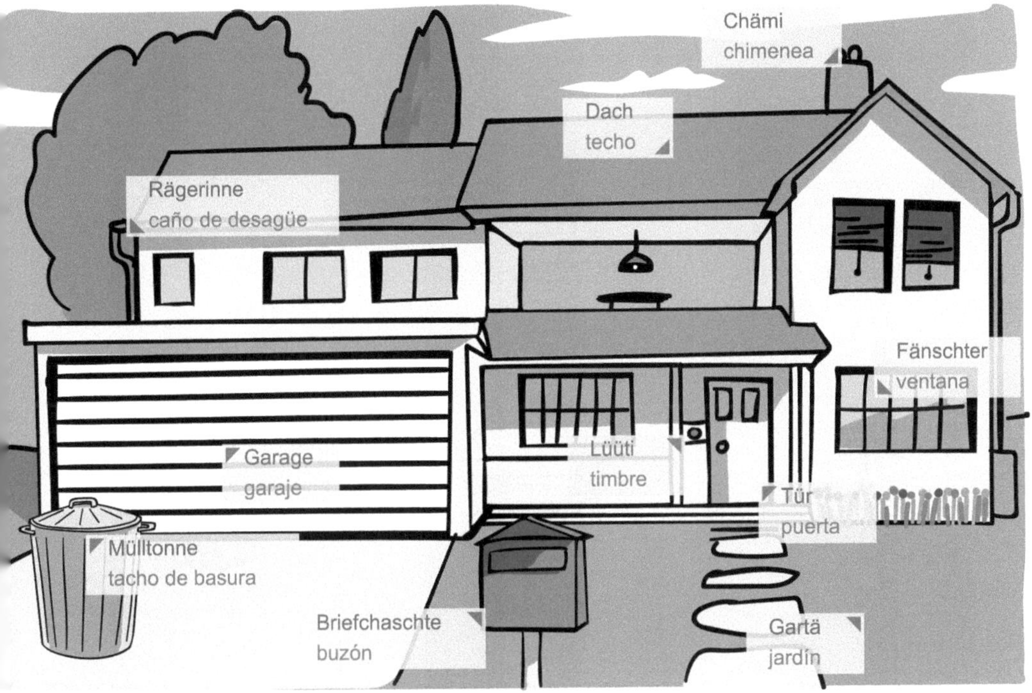

Chämi
chimenea
Dach
techo
Rägerinne
caño de desagüe
Fänschter
ventana
Garage
garaje
Lüüti
timbre
Tür
puerta
Mülltonne
tacho de basura
Briefchaschte
buzón
Gartä
jardín

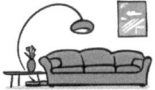

Stubä

living

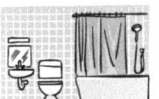

Badzimmer

baño

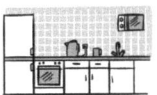

Chuchi

cocina

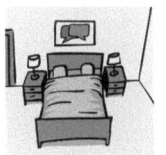

Schlofzimmer

dormitorio

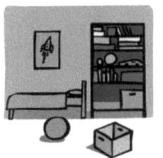

Chinderzimmer

cuarto de los chicos

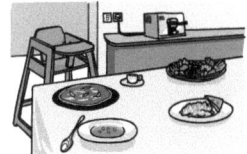

Ässzimmer

comedor

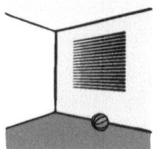

Bodä

piso

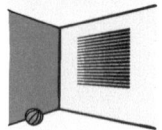

Wand

pared

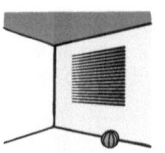

Decki

cielorraso

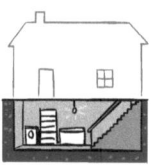

Chäller

sótano

Sauna

sauna

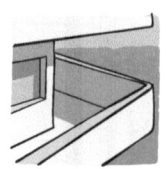

Balkon

balcón

Terasse

terraza

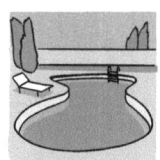

Pool

pileta

Rasemäier

cortadora de pasto

Bettbezug

sábana

Bettdecki

acolchado

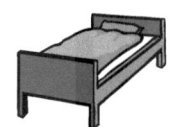

Bett

cama

Bäse

escoba

Chübel

balde

Schalter

interruptor

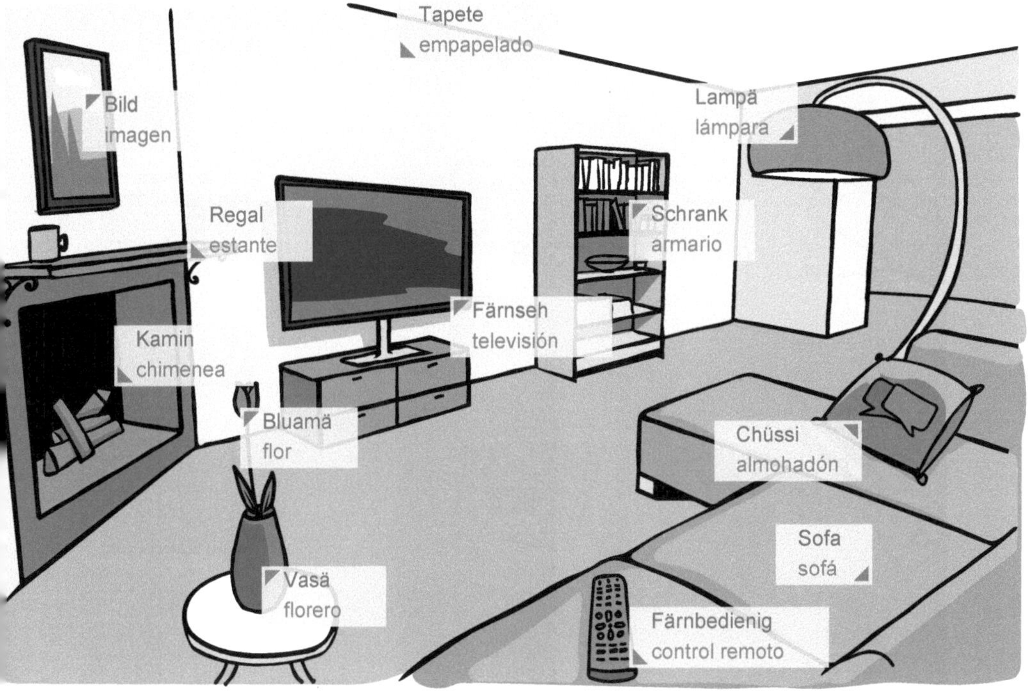

Tapete
empapelado

Bild
imagen

Lampä
lámpara

Regal
estante

Schrank
armario

Kamin
chimenea

Färnseh
televisión

Bluamä
flor

Chüssi
almohadón

Sofa
sofá

Vasä
florero

Färnbedienig
control remoto

Teppich
alfombra

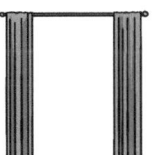

Vorhang
cortina

Tisch
mesa

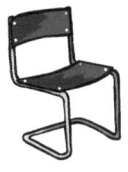

Stuehl
silla

Schaukelstuehl
mecedora

Sässel
sillón

Buech

libro

Decki

frazada

Dekoration

decoración

Füürholz

leña

Film

película

Stereoahlag

equipo de música

Schlüssel

llave

Ziitig

diario

Bild

pintura

Poster

póster

Radio

radio

Notizblock

cuaderno

Staubsuuger

aspiradora

Kaktus

cactus

Chärze

vela

Chuchi
cocina

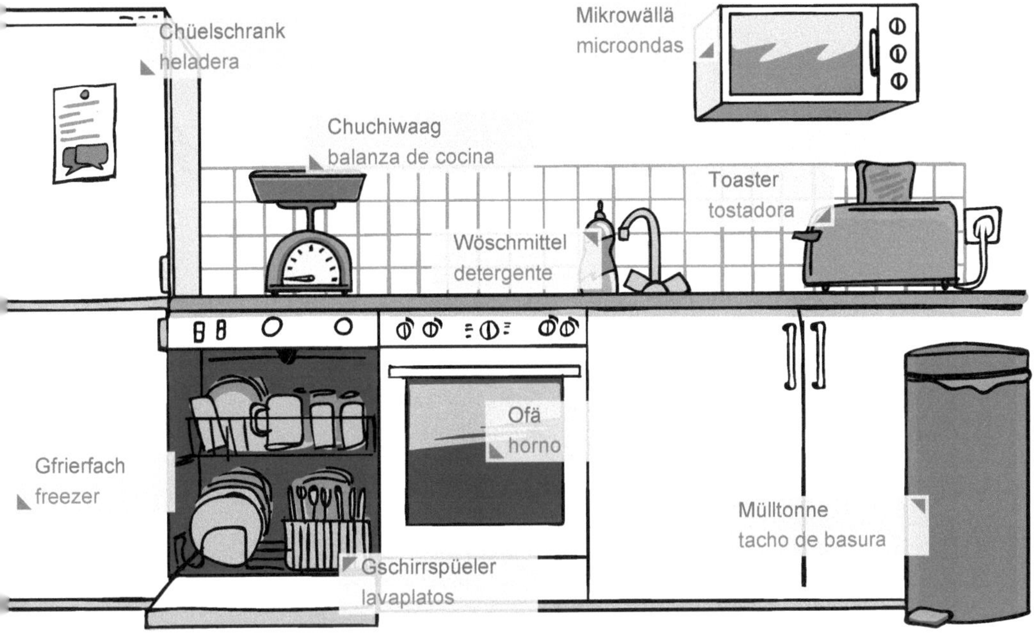

Chüelschrank
heladera
Mikrowällä
microondas
Chuchiwaag
balanza de cocina
Toaster
tostadora
Wöschmittel
detergente
Ofä
horno
Gfrierfach
freezer
Mülltonne
tacho de basura
Gschirrspüeler
lavaplatos

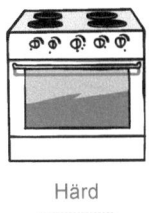

Härd
cocina

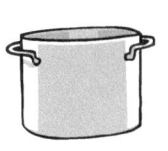

Topf
olla

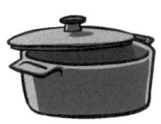

Iisetopf
olla de hierro fundido

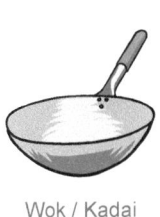

Wok / Kadai
wok

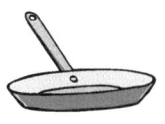

Pfanne
sartén

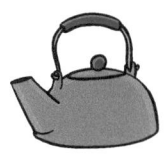

Wasserchocher
pava

Dampfer

vaporera

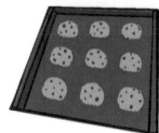

Bachbläch

bandeja de horno

Gschirr

vajilla

Bächer

taza

Schale

bol

Stäbli

palitos

Suppechellä

cucharón

Pfannewänder

estpátula

Schneebäse

batidora

Sieb

colador

Sieb

colador

Raffle

rallador

Mörser

mortero

Grill

parrilla

Füürstell

fogata

Schniidbrätt

tabla de picar

Nudelholz

palo de amasar

Korkäzieher

sacacorchos

Dosä

lata

Dosäöffner

abrelatas

Topflappä

manopla

Wöschbecki

pileta

Bürste

cepillo

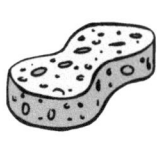

Schwumm

esponja

Mixer

batidora

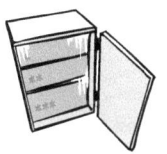

Gfrierschrank

congelador

Babyfläschli

mamadera

Hahnä

canilla

Badzimmer
baño

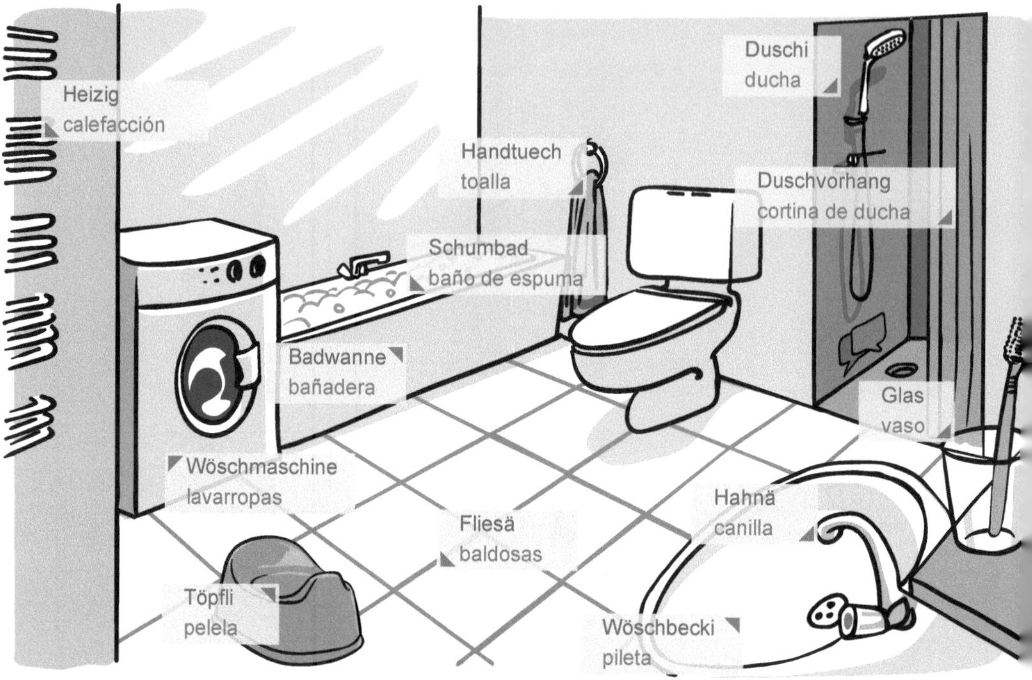

Heizig
calefacción
Handtuech
toalla
Duschi
ducha
Duschvorhang
cortina de ducha
Schumbad
baño de espuma
Badwanne
bañadera
Glas
vaso
Wöschmaschine
lavarropas
Hahnä
canilla
Fliesä
baldosas
Töpfli
pelela
Wöschbecki
pileta

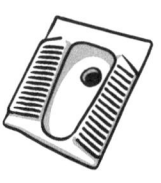

Toilette

inodoro

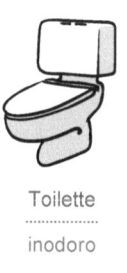

Plumpsklo

letrina

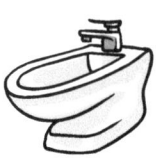

Bidet

bidé

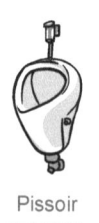

Pissoir

mingitorio

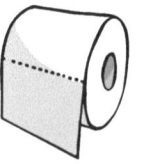

Toilettepapier

papel higiénico

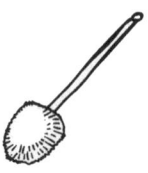

Toilettebürschteli

cepillo para el inodoro

Zahbürstä

cepillo de dientes

Zahpasta

dentífrico

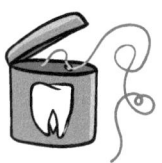

Zahnsiide

hilo dental

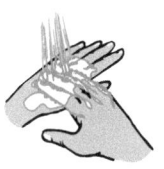

wäsche

lavar

Handduschi

ducha de mano

Intiimduschi

ducha higiénica

Wöschbecki

palangana

Ruggäbürste

cepillo para espalda

Seifä

jabón

Duschgel

gel de ducha

Shampoo

shampoo

Waschlappä

toallita

Abfluss

desagüe

Creme

crema

Deo

desodorante

Spiegel

espejo

Handspiegel

espejito

Rasierer

maquinita de afeitar

Rasierschuum

espuma de afeitar

Aftershave

aftershave

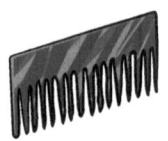

Schträäl

peine

Bürstä

cepillo

Föhn

secador de pelo

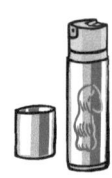

Hoorspray

spray

Makeup

maquillaje

Lippestift

lápiz de labios

Nagellack

esmalte para uñas

Wattä

algodón

Nagelscher

tijera para uñas

Parfum

perfume

Necessaire

portacosméticos

Schemel

banqueta

Waag

balanza

Badmantel

bata

Gummihändscheh

guantes de goma

Tampon

tampón

Damebinde

toallita femenina

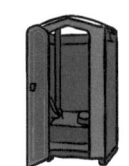

chemischi Toilette

baño químico

Chinderzimmer

cuarto de los chicos

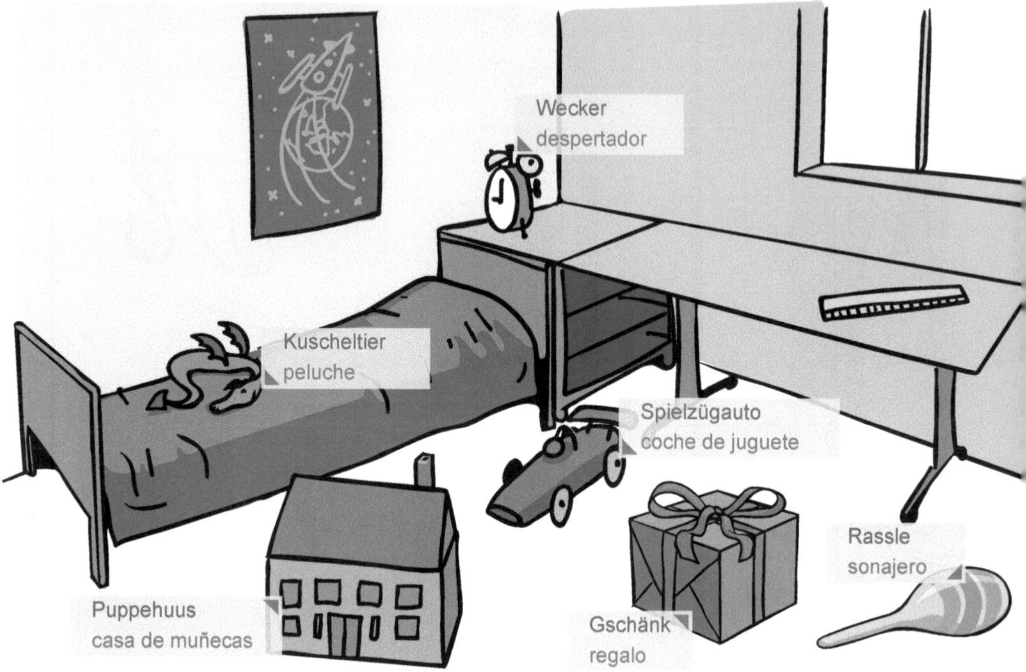

Wecker
despertador

Kuscheltier
peluche

Spielzügauto
coche de juguete

Rassle
sonajero

Puppehuus
casa de muñecas

Gschänk
regalo

Ballon

globo

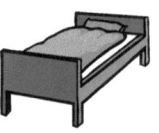

Bett

cama

Chinderwage

cochecito

Chartespiel

cartas

Puzzle

rompecabezas

Comic

historieta

Legos

piezas de lego

Baustei

ladrillos de juguete

Action Figur

figura de acción

Strampli

enterito (de bebé)

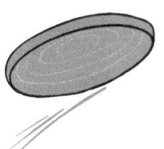

Frisbee

frisbee

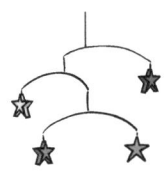

Mobile

móvil para bebés

Brättspiel

juego de mesa

Würfäl

dados

Modellisebahn

tren eléctrico

Nuggi

chupete

Party

fiesta

Bilderbuch

libro de cuentos ilustrado

Ball

pelota

Puppä

muñeca

spiele

jugar

Sandchaschte

arenero

Gigampfi

hamaca

Spielzüg

juguetes

Videospielkonsole

consola de videojuegos

Dreirad

triciclo

Teddy

osito de peluche

Chleiderschrank

armario

Chleidig

ropa

Sockä

medias

Strümpf

medias panty

Strumpfhosä

calzas

Schal
bufanda

Rägeschirm
paraguas

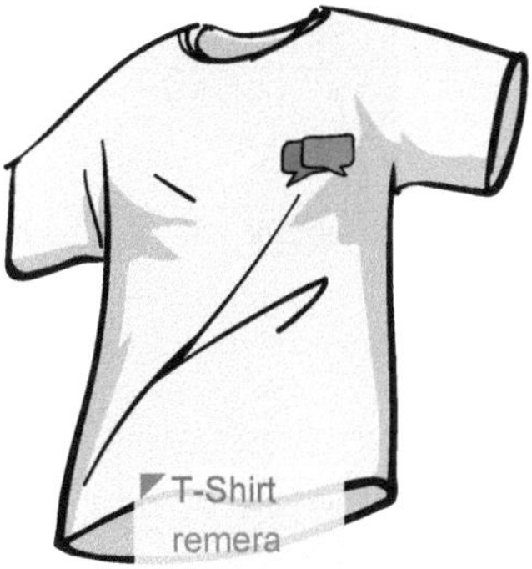

T-Shirt
remera

Gürtel
cinturón

Stiefel
botas

Badschlappe
pantuflas

Turnschueh
zapatillas

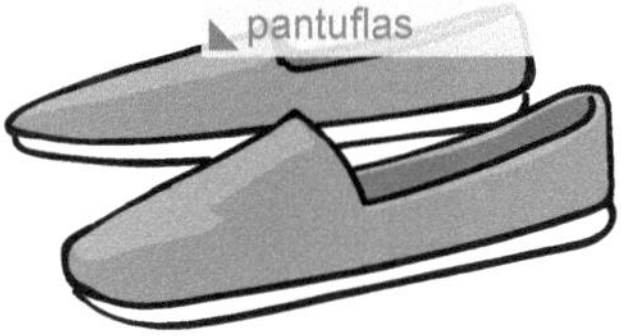

Sandalä
....
sandalias

Schueh
....
zapatos

Gummistiefel
....
botas de goma

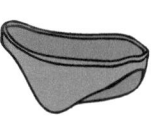

Untrhosä
....
ropa interior

BH
....
corpiño

Underlibli
....
chaleco

Body

body

Hosä

pantalones

Jeans

jeans

Rock

pollera

Bluse

blusa

Hömli

camisa

Pulli

pulóver

Kapuzepulli

buzo

Blazer

blazer

Jacke

campera

Mantel

tapado

Rägämantel

piloto

Chostüm

traje

Chleid

vestido

Hochziitskleid

vestido de novia

Ahzug

traje

Nachthömli

camisón

Pyjama

pijama

Sari

sari

Chopftuäch

pañuelo para cabeza

Turban

turbante

Burka

burka

Kaftan

caftán

Abaya

abaya

Badchleid

traje de baño

Badhose

short de baño

churzi Hosä

shorts

Trainer

jogging

Schürze

delantal

Händsche

guantes

Chnopf

botón

Brüllä

anteojos

Armband

pulsera

Chetti

collar

Ring

anillo

Ohrering

aro

Chappe

gorra

Chleiderbügel

percha

Huet

sombrero

Grawattä

corbata

Riissverschluss

cierre

Helm

casco

Hosäträger

tiradores

Schueluniform

uniforme escolar

Uniform

uniforme

Lätzli

babero

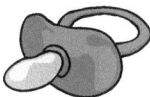

Nuggi

chupete

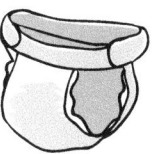

Windle

pañal

Büro

oficina

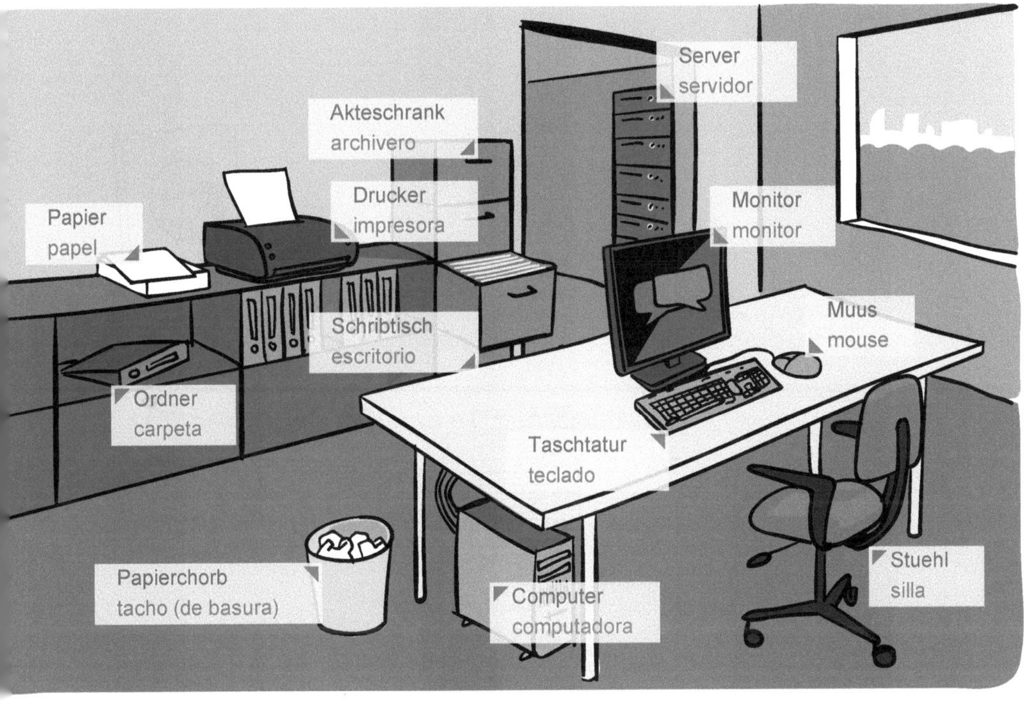

Server
servidor

Akteschrank
archivero

Drucker
impresora

Monitor
monitor

Papier
papel

Muus
mouse

Schribtisch
escritorio

Ordner
carpeta

Taschtatur
teclado

Papierchorb
tacho (de basura)

Stuehl
silla

Computer
computadora

Kafibächer

taza de café

Tascherächner

calculadora

Internet

internet

Laptop

laptop

Brief

carta

Nochricht

mensaje

Mobiltelefon

celular

Netzwärk

red

Kopierer

fotocopiadora

Software

software

Telefon

teléfono

Steckdosä

tomacorriente

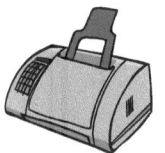

Fax

fax

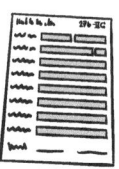

Formular

formulario

Dokumänt

documento

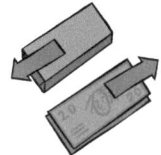

chaufe

comprar

zahle

pagar

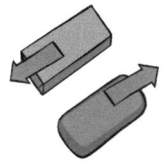

handle

hacer negocios

Gäld

dinero

 **USD**

Dollar

dólar

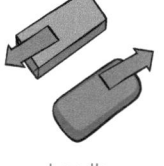 **EUR**

Euro

euro

 **JPY**

Yen

yen

 **RUB**

Rubel

rublo

 **CHF**

Frankä

franco suizo

 **CNY**

Renminbi Yuan

yuan

 **INR**

Rupie

rupia

Gäldautomat

cajero automático

Wächselstube

casa de cambio

Gold

oro

Silber

plata

Öl

petróleo

Energie

energía

Priis

precio

Vertrag

contrato

Stüür

impuesto

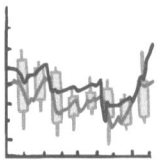

Aktie

acción

schaffe

trabajar

Mitarbeiter

empleado

Arbeitgeber

empleador

Fabrik

fábrica

Gschäft

negocio

Polizischt
policía

Füürwehrmaa
bombero

Choch
cocinero

Arzt
médico

Pilot
piloto

Gärtner

jardinero

Zimmermah

carpintero

Näheri

modista

Richter

juez

Chemiker

farmacéutico

Darsteller

actor

Busfahrer

colectivero

Taxifahrer

taxista

Fischer

pescador

Putzfrau

mucama

Dachdecker

techista

Chällner

mozo

Jäger

cazador

Moler

pintor

Bäcker

panadero

Elektriker

electricista

Bauarbeiter

albañil

Ingenieur

ingeniero

Schlachter

carnicero

Klämpner

plomero

Pöschtler

cartero

Soldat

soldado

Architekt

arquitecto

Kassierer

cajero

Florischt

florista

Frisör

peluquero

Kontrolleur

cobrador

Mechaniker

mecánico

Kapitän

capitán

Zahnarzt

dentista

Wüsseschaftler

científico

Rabbi

rabino

Imam

imán

Mönch

monje

Pfarrer

sacerdote

Werkzüüg
herramientas

Hammer
martillo
Zangä
tenaza
Schruubedreier
destornillador
Schrubeschlüssel
llave
Taschelampä
linterna

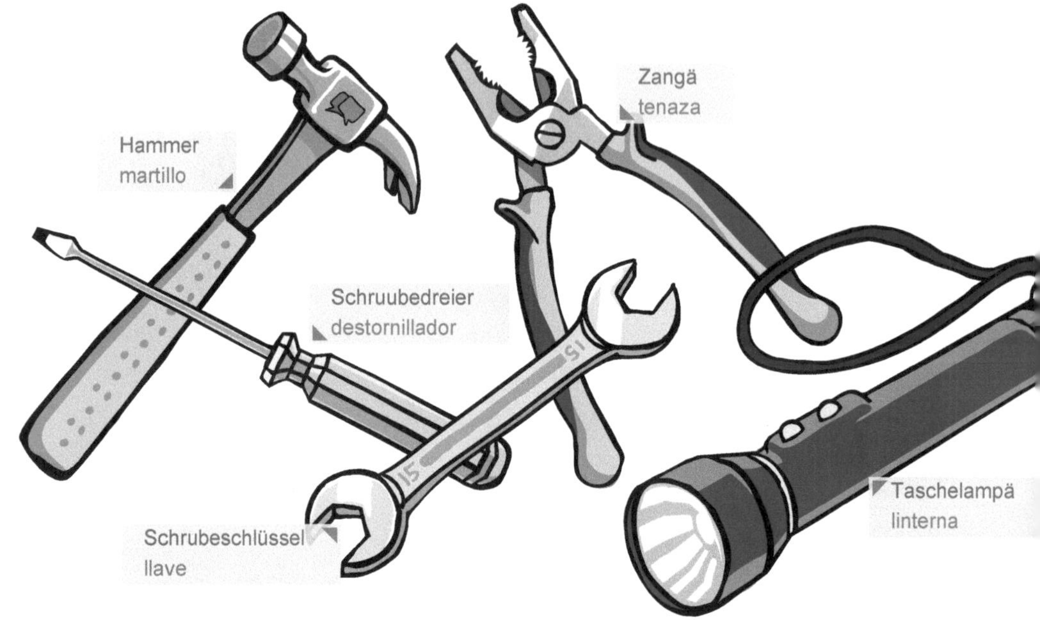

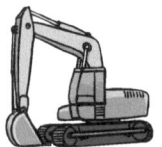

Bagger

excavadora

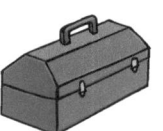

Werkzüügchaschte

caja de herramientas

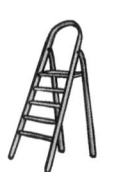

Leitere

escalera portátil

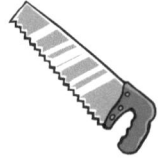

Sagi

sierra

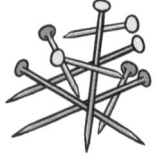

Negel

clavos

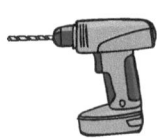

Bohrer

taladro

flicke

arreglar

Schufle

pala de jardín

Mischt!

¡Qué bronca!

Ascheschufle

pala de plástico

Farbchübel

tacho de pintura

Schruube

tornillos

Musiginstrumänt

instrumentos musicales

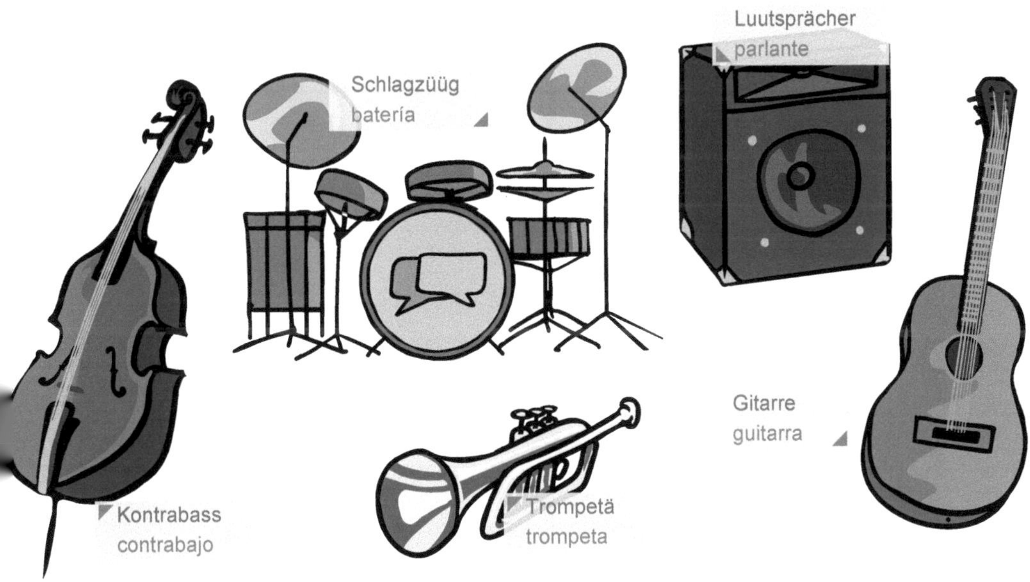

Schlagzüüg
batería

Luutsprächer
parlante

Gitarre
guitarra

Kontrabass
contrabajo

Trompetä
trompeta

Klavier

piano

Violine

violín

Bass

bajo

Pauke

timbales

Trummle

tambor

Keyboard

teclado

Saxophon

saxofón

Flöte

flauta

Mikrofon

micrófono

Zolli

zoológico

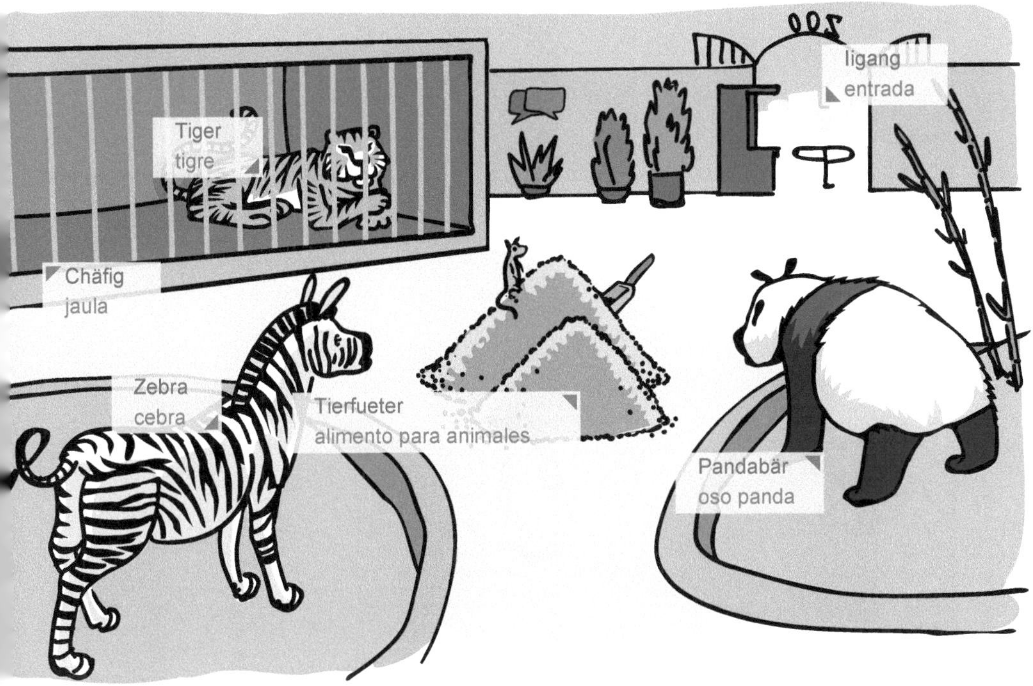
ligang
entrada
Tiger
tigre
Chäfig
jaula
Zebra
cebra
Tierfueter
alimento para animales
Pandabär
oso panda

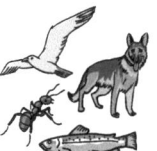

Tier

animales

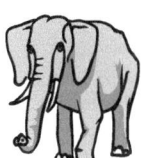

Elefant

elefante

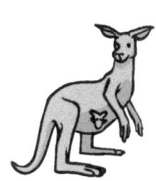

Känguru

canguro

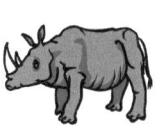

Nashorn

rinoceronte

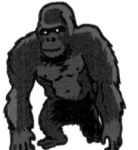

Gorilla

gorila

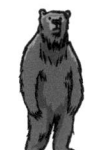

Bär

oso

Kamel

camello

Struss

avestruz

Leu

león

Aff

mono

Flamingo

flamenco

Papagei

loro

Iisbär

oso polar

Pinguin

pingüino

Hai

tiburón

Pfau

pavo real

Schlangä

serpiente

Krokodil

cocodrilo

Zoowärter

cuidador del zoológico

Robbä

foca

Jaguar

jaguar

Pony

poni

Leopard

leopardo

Nilpfärd

hipopótamo

Giraff

jirafa

Adler

águila

Wildschwein

jabalí

Fisch

pescado

Schildkrot

tortuga

Walross

morsa

Fuchs

zorro

Gazelle

gacela

American Football
fútbol americano

Velofahre
ciclismo

Tennis
tenis

Basketball
básquet

Schwümmä
natación

Boxä
boxeo

lishockey
hockey sobre hielo

Fuessball
fútbol

Badminton
bádminton

Liechtathletik
atletismo

Handball
handball

Skifahre
esquí

Polo
polo

Aktivitäte
actividades

springä
saltar
umarme
abrazar
lachä
reír
gah
caminar
singe
cantar
troime
soñar
bätte
rezar
küssä
besar

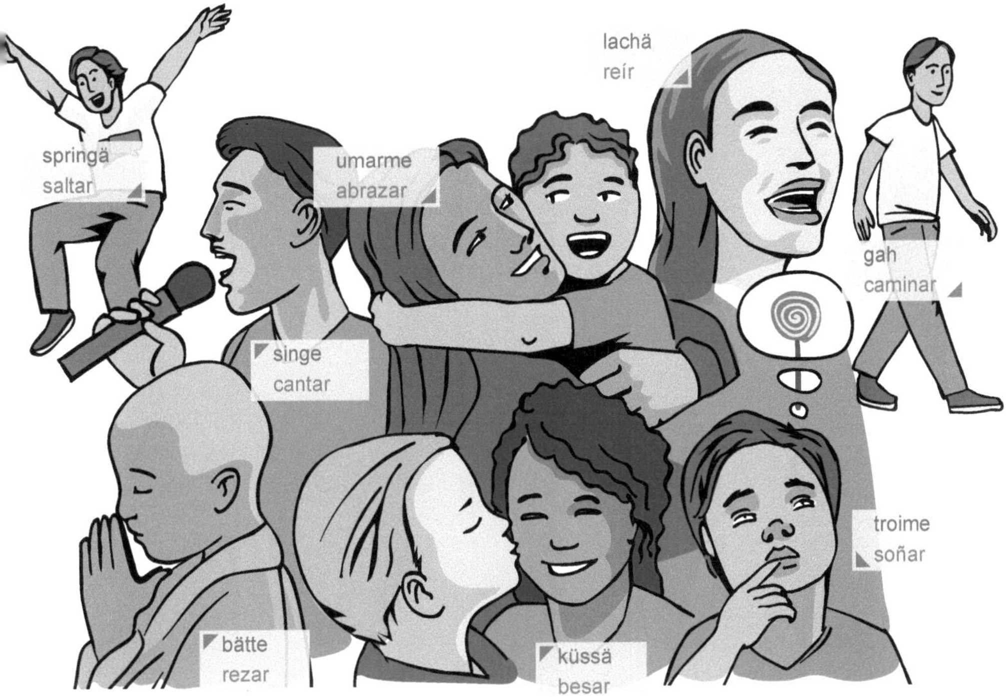

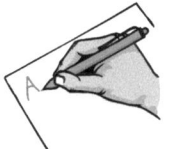

schribe
escribir

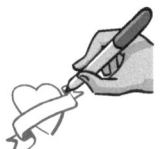

zeichne
dibujar

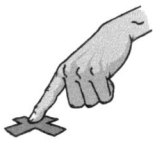

zeige
mostrar

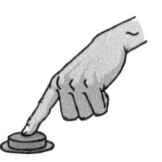

schiebe
presionar

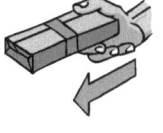

gäh
dar

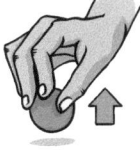

näh
tomar

händ

tener

mache

hacer

sy

ser

stah

estar parado

laufe

correr

zieh

tirar

rüerä

tirar

fallä

caer

ligge

estar acostado

warte

esperar

träge

llevar

sitze

estar sentado

ahzieh

vestirse

schlafe

dormir

ufwache

despertar

ahluege

mirar

brüele

llorar

striichle

acariciar

bürste

peinar

redä

hablar

verschtah

entender

froog

preguntar

lose

escuchar

trinke

beber

ässe

comer

ufruume

ordenar

liebe

amar

chochä

cocinar

fahre

manejar

flüge

volar

Aktivitäte - actividades

segle

navegar

rächne

calcular

läse

leer

leerä

aprender

schaffe

trabajar

hürate

casarse

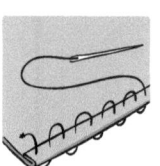

näije

coser

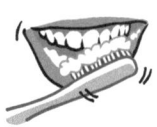

Zäh putze

cepillarse los dientes

töte

matar

schlootä

fumar

sände

enviar

Familiä
familia

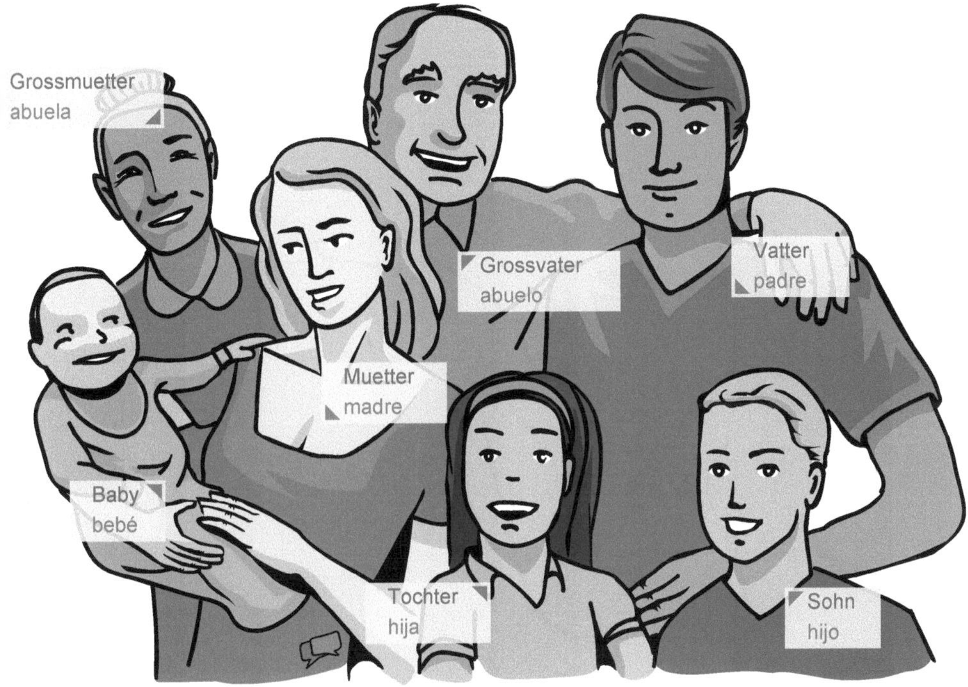
Grossmuetter
abuela
Grossvater
abuelo
Vatter
padre
Muetter
madre
Baby
bebé
Tochter
hija
Sohn
hijo

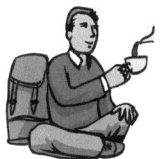

Gast
invitado

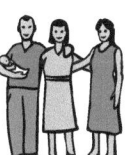

Tante
tía

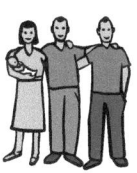

Unkel
tío

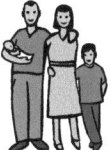

Brüeder
hermano

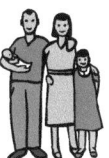

Schwöschter
hermana

Körpär

cuerpo

Stirn
frente
Aug
ojo
Schultere
hombro
Fingär
dedo
Gsicht
cara
Chüni
pera
Hand
mano
Bei
pierna
Bruscht
pecho
Arm
brazo

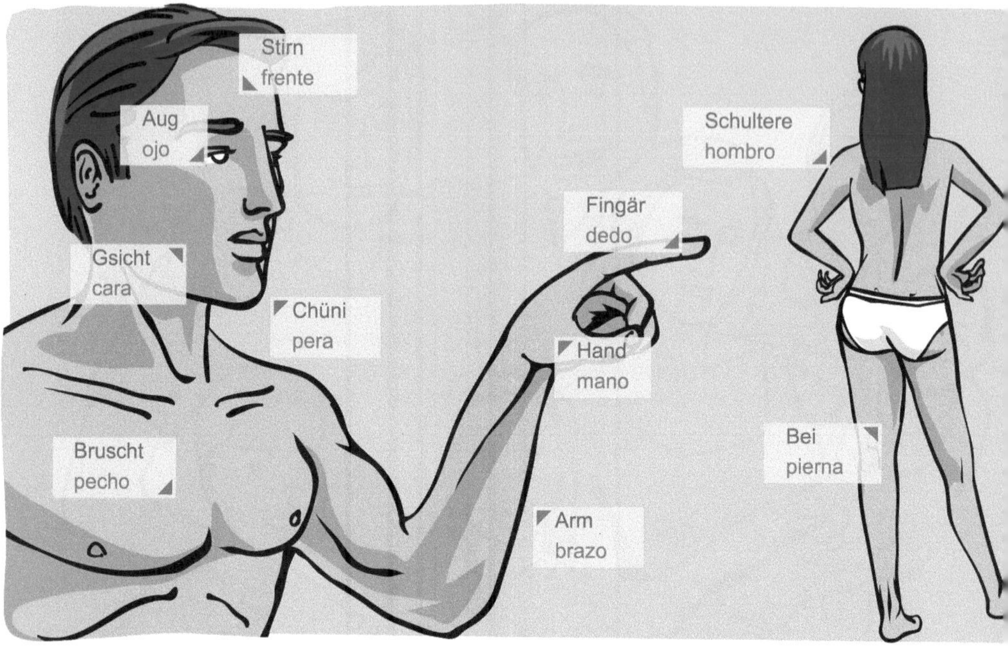

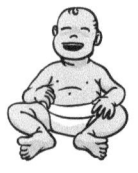

Baby

bebé

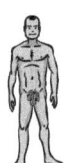

Mah

hombre

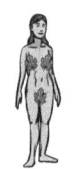

Frau

mujer

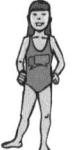

Meitli

nena

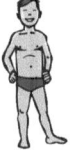

Bueb

nene

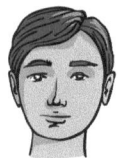

Chopf

cabeza

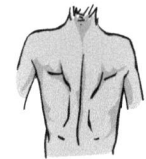

Ruggä

espalda

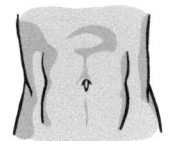

Buuch

panza

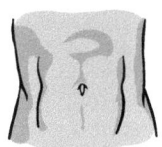

Buchnabel

ombligo

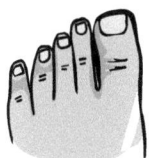

Zäche

dedo del pie

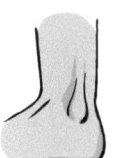

Fersä

talón

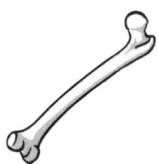

Knoche

hueso

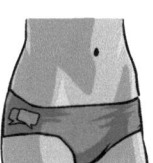

Hüfte

cadera

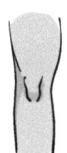

Chnü

rodilla

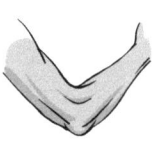

Ellbogä

codo

Nase

nariz

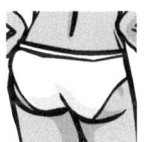

Füdli

cola

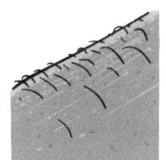

Hut

piel

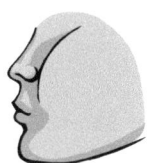

Bagge

cachete

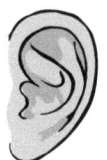

Ohr

oreja

Lippe

labio

Muul

boca

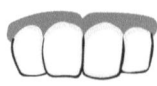

Zah

diente

Zungä

lengua

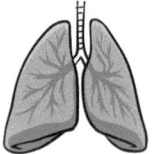

Hirni

cerebro

Härz

corazón

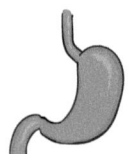

Muskel

músculo

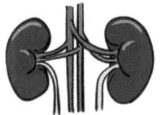

Lungä

pulmón

Läberä

hígado

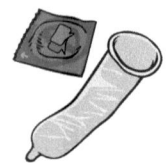

Magen

estómago

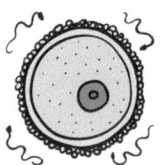

Nierä

riñones

Gschlächtsvrkehr

sexo

Kondom

preservativo

Eizälle

óvulo

Soome

semen

Schwangerschaft

embarazo

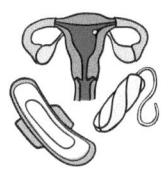

Menstruation

menstruación

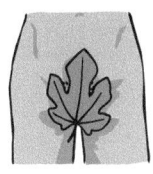

Vagina

vagina

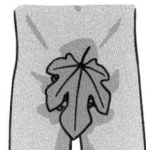

Penis

pene

Augebrauä

ceja

Haar

pelo

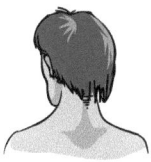

Hals

cuello

Spital
hospital

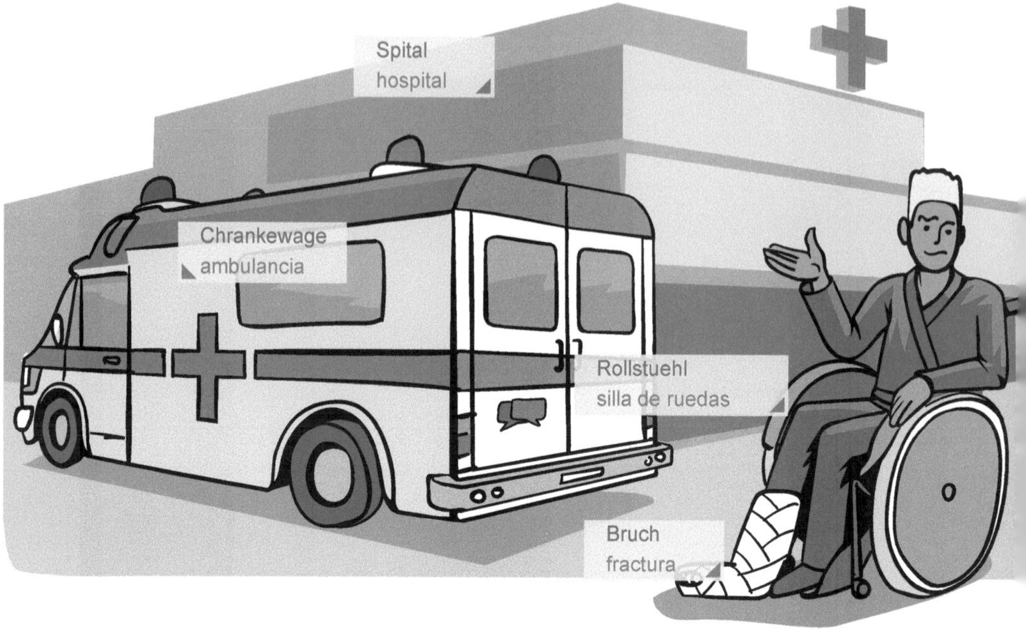

Spital
hospital
Chrankewage
ambulancia
Rollstuehl
silla de ruedas
Bruch
fractura

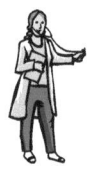

Arzt
médico

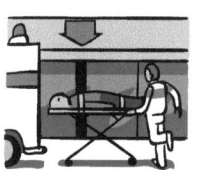

Notufnahm
sala de guardia

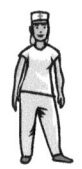

Chrankeschwöschter
enfermera

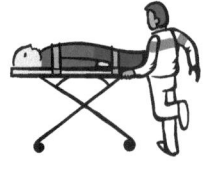

Notfall
emergencia

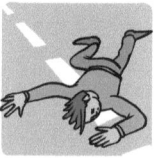

ohnmächtig
inconsciente

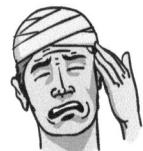

Schmärz
dolor

Verletzig
lesión

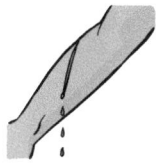

Bluätig
hemorragia

Härzinfarkt
infarto

Schlagahfall
ACV

Allergie
alergia

Hueschtä
tos

Fieber
fiebre

Grippe
gripe

Durchfall
diarrea

Kopfschmärze
dolor de cabeza

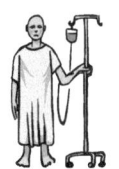

Kräbs
cáncer

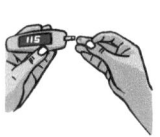

Diabetes
diabetes

Chirurg
cirujano

Skalpell
bisturí

Operation
operación

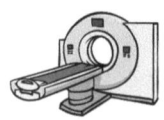

CT
TC

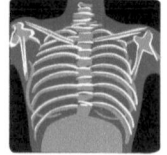

Röntgä
rayos x

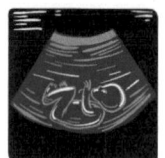

Ultraschall
ecografía

Gsichtsmaske
barbijo

Krankhet
enfermedad

Wartezimmer
sala de espera

Krückä
muleta

Pflaster
curita

Vrband
venda

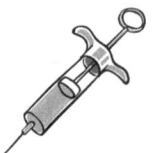

Injektion
inyección

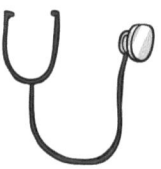

Stethoskop
estetoscopio

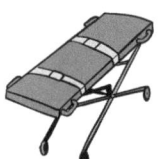

Trage
camilla

Thermometer
termómetro

Geburt
nacimiento

Übergwicht
sobrepeso

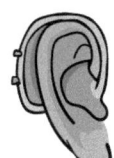

Hörgrät

audífono

Desinfektionsmittel

desinfectante

Infektion

infección

Virus

virus

HIV / AIDS

VIH / SIDA

Medizin

remedio

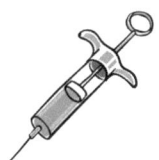

Impfig

vacunación

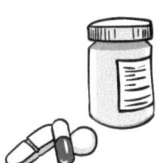

Tablette

comprimidos

Pille

pastilla anticonceptiva

Notruef

llamada de emergencia

Bluetdruck-Mässgrät

tensiómetro

chrank / gsund

enfermo / sano

Hiufe!

¡Ayuda!

Alarm

alarma

Überfall

agresión

Ahgriff

ataque

Gfohr

peligro

Notuusgang

salida de emergencia

Füür!

¡Fuego!

Füürlöscher

matafuego

Unfall

accidente

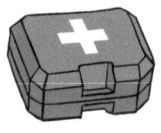

Ersti-Hilf-Koffer

botiquín de primeros
auxilios

SOS

SOS

Polizei

policía

Europa
Europa

Nordamerika
América del Norte

Südamerika
América del Sur

Afrika
África

Asie
Asia

Auschtralie
Australia

Atlantik
Atlántico

Pazifik
Pacífico

Indische Ozean
Océano Índico

Antarktische Ozean
Océano Antártico

Arktische Ozean
Océano Ártico

Nordpol
polo norte

Südpol

polo sur

Antarktis

Antártida

Ärde

Tierra

Land

tierra

Meer

mar

Inslä

isla

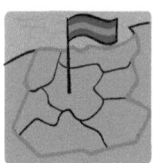

Nation

nación

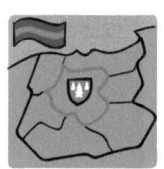

Staat

estado

Ziffereblatt

esfera

Stundezeiger

manecilla de las horas

Minutezeiger

minutero

Sekundezeiger

segundero

Wie spaht isch es?

¿Qué hora es?

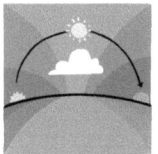

Tag

día

Zit

hora

jetzt

ahora

Digitaluhr

reloj digital

Minute

minuto

Stunde

hora

Wuche
semana

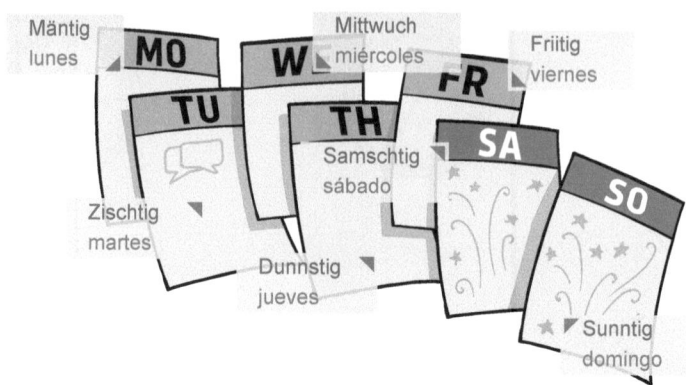

Mäntig
lunes

Mittwuch
miércoles

Friitig
viernes

Zischtig
martes

Samschtig
sábado

Dunnstig
jueves

Sunntig
domingo

geschter
ayer

hüt
hoy

morn
mañana

Morgä
mañana

Mittag
mediodía

Aabig
tarde

Wärktag
días hábiles

Wuchenänd
fin de semana

Johr
año

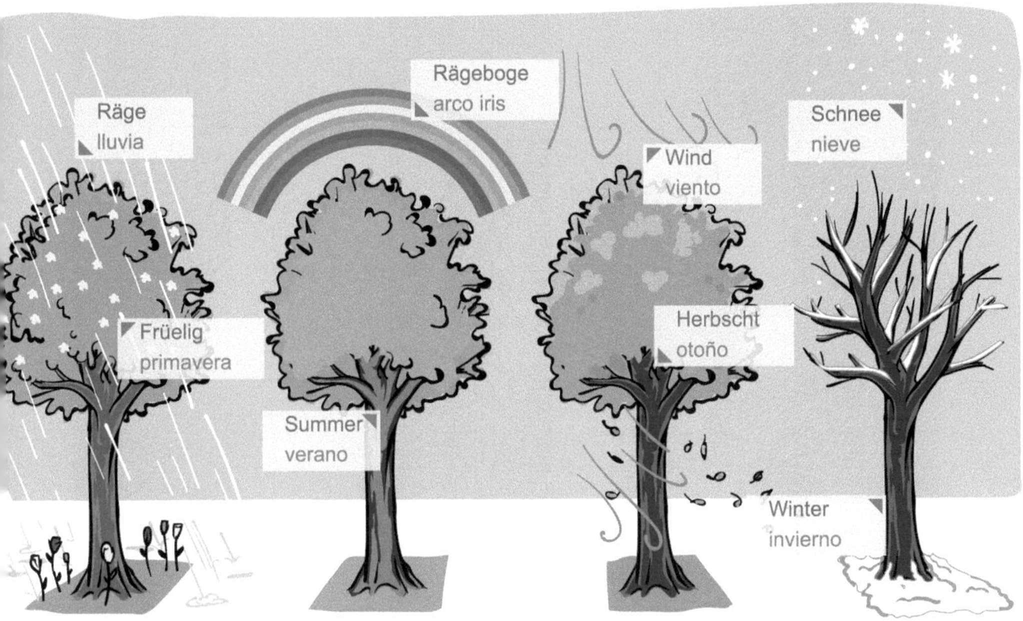

Räge
lluvia
Rägeboge
arco iris
Schnee
nieve
Wind
viento
Früelig
primavera
Herbscht
otoño
Summer
verano
Winter
invierno

4.APRIL 11°
5.APRIL 4°
6.APRIL 13°
7.APRIL 8°
8.APRIL 10°

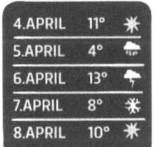

Wättervorhärsag

pronóstico meteorológico

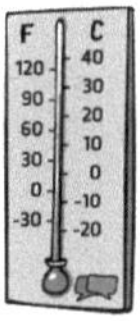

Thermometer

termómetro

Sunneschiin

luz del sol

Wolkä

nube

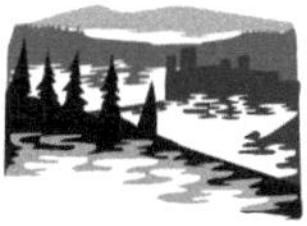

Näbel

niebla

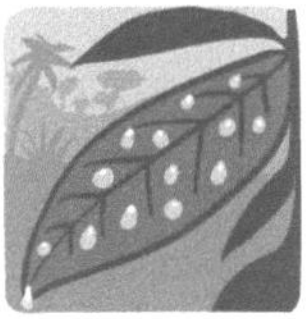

Fiechtigkeit

humedad

Blitz

rayo

Dunner

trueno

Sturm

tormenta

Hagel

granizo

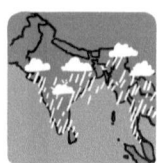

Monsun

monzón

Fluet

inundación

Iis

hielo

Januar

enero

Februar

febrero

März

marzo

April

abril

Mai

mayo

Juni

junio

Juli

julio

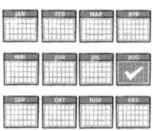

Auguscht

agosto

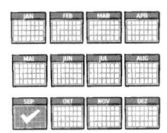

Septämber
....
septiembre

Oktober
....
octubre

Novämber
....
noviembre

Dezämber
....
diciembre

Forme
formas

Kreis
....
círculo

Quadrat
....
cuadrado

Rächteck
....
rectángulo

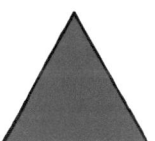

Dreieck
....
triángulo

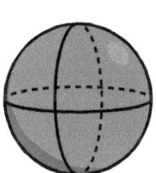

Chugele
....
esfera

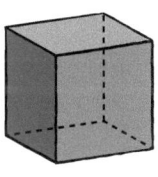

Würfel
....
cubo

Farbä

colores

wiss

blanco

gäl

amarillo

orange

naranja

pink

rosa

rot

rojo

liila

violeta

blau

azul

grüen

verde

bruun

marrón

grau

gris

schwarz

negro

viel / wenig

mucho / poco

hässig / ruhig

enojado / tranquilo

hübsch / hässlich

lindo / feo

Ahfang / Ändi

principio / fin

gross / chli

grande / chico

hell / dunkel

claro / oscuro

Brüeder / Schwöschter

hermano / hermana

suuber / dräckig

limpio / sucio

vollständig / unvollständig

completo / incompleto

Tag / Nacht

día / noche

tot / läbig

muerto / vivo

breit / schmal

ancho / angosto

ässbar / nid ässbar

comestible / no comestible

bös / fründlich

malo / amable

uffreggt / glangwilt

entusiasmado / aburrido

dick / dünn

gordo / flaco

zerscht / zletscht

primero / último

Fründ / Find

amigo / enemigo

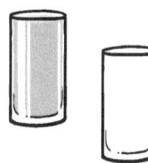

voll / läär

lleno / vacío

hart / weich

duro / blando

schwer / liecht

pesado / liviano

Hunger / Durscht

hambre / sed

chrank / gsund

enfermo / sano

illegal / legal

ilegal / legal

intelligänt / gatz

inteligente / estúpido

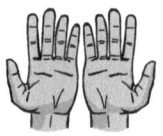

links / rächts

izquierda / derecha

nöch / wiit weg

cerca / lejos

neu / bruucht

nuevo / usado

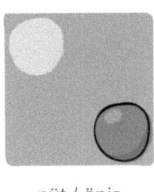

nüt / öpis

nada / algo

alt / jung

viejo / joven

ah / uss

encendido / apagado

offe / zue

abierto / cerrado

lislig / luut

silencioso / ruidoso

riich / arm

rico / pobre

richtig / falsch

correcto / incorrecto

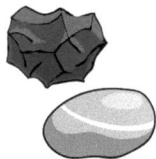

rau / glatt

áspero / suave

truurig / glücklich

triste / contento

churz / lang

corto / largo

langsam / schnäll

lento / rápido

nass / trochä

mojado / seco

warm / chalt

caliente / frío

Chrieg / Friede

guerra / paz

Zahlä

números

0

Null

cero

1

eis

uno

2

zwei

dos

3

drü

tres

4

vier

cuatro

5

foif

cinco

6

sächs

seis

7

sibe

siete

8

acht

ocho

9

nün

nueve

10

zäh

diez

11

elf

once

12

zwölf

doce

13

drizäh

trece

14

vierzäh

catorce

15

füfzäh

quince

16

sächzäh

dieciséis

17

siebzäh

diecisiete

18

achtzäh

dieciocho

19

nünzäh

diecinueve

20

zwänzg

veinte

100

Hundert

cien

1.000

Tuusig

mil

1.000.000

Million

millón

Änglisch

inglés

Amerikanischs Änglisch

inglés americano

Chinesisch Mandarin

chino mandarín

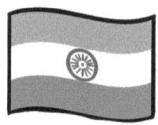

Hindi

hindi

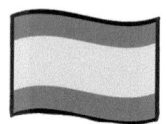

Spanisch

español

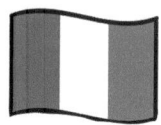

Französisch

francés

Arabisch

árabe

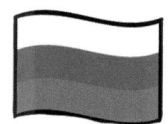

Russisch

ruso

Portugiesisch

portugués

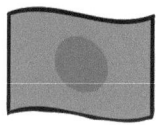

Bengalisch

bengalí

Dütsch

alemán

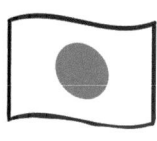

Japanisch

japonés

ich

yo

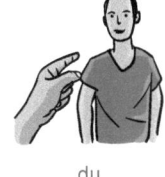

du

vos

är / sie / es

él / ella

mir

nosotros

ihr

ustedes

sie

ellos

wär?

¿quién?

was?

¿qué?

wie?

¿cómo?

wo?

¿dónde?

wänn?

¿cuándo?

Name

nombre

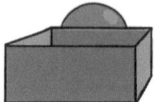

hinder

detrás

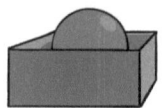

in

en

vor

adelante de

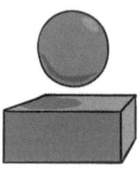

über

por encima de

uf

sobre

under

debajo de

näbe

al lado de

zwüsche

entre

Ort

lugar